유리의 힘

유리의 힘

류현철 시집

시인의 말

보고 또 보아도 보지 못하고
듣고 또 들어도 듣지 못하는 것이
참, 많다.

내게 가는 길조차 아직도 모르는데
사람, 나무와 꽃, 세상에게 가는 길은 오죽할까!

그들이 벌써 내어 준 길 제대로 찾지 못하고 있는 내게
첫 시집은 그래서 매서운 회초리다.

2024년 6월 류현철

차례

시인의 말

제1부

숨어 있는 노래	12
새싹	13
우린, 골라 먹는다	14
구멍	16
국어 수업	18
그림자	20
거울	22
새(間)	23
문상	24
성(城)	26
유리의 힘	27
철새	28
하류(下流)에서	30
뼈에 관한 명상	31
very thanks!	32

제2부

섬 1	36
풍선	37
거미	38
쉼	39
그릇	40
섬 2	41
기차는 기가 차는 것이다	42
못	43
화장(火葬)	44
옷	46
폭포	47
창	48
축(祝) 부의(賻儀)	49
분수	50
나무	51

제3부

자장가	54
뿌리에게	55
사랑 - 종(鐘) -	56
단풍나무 아래서	58
못의 노래	60
산에는	61
추억을 피우다	62
짝사랑	63
빨래법	64
상처	65
도마	66
낮달	67
눈물, 세 번도 넘게	68
슬프지만 중간은 없다	71
황령산에서	72

제4부

인생독해	76
관점	77
자식	78
해바라기	79
병	80
관절염	81
참외	82
귀	83
명예퇴직	84
그리운 초록	85
나사	86
친절한 아파트	88
어머니	90
외출	91
떠나는 자가 남은 자들을 불렀다	92

평설 / 김홍정 (소설가, 시인) 94

제 1 부

숨어 있는 노래

나무젓가락으로 상모서리를 두드리다
나무토막 속에 숨어 있던 노래를 만난다

숨소리에도 노래가 숨어 있다
내게서 빠져나간 숨소리가
피리 속에 숨어 들어가 노래가 된다

바람도 저 혼자 노래가 되지 못하지만
가지 곁을 스칠 때면
그것도 빈 가지 곁을 스칠 때면
더욱 좋은 노래가 된다

세상 모든 것 속에는 노래가 숨어 있다

저 혼자서는 노래가 아니더라도
저 혼자서는 노래가 못되더라도

새싹

숨어 있는 것들
참, 많다

햇살, 바람, 빗물

더불어 빛나는 즐거운 의지

그 의지 있어
비로소 새싹이 된다

간질거리는 웃음으로 세상에 첫마디 올린다

숨어 있는 꿈 지금 다 볼 수는 없지만
그래도 처음은
참,
좋다

우린, 골라 먹는다

우린
골라 먹는다

반찬도 맛있는 반찬만 골라 먹고
음료수 한 잔도 골라 마신다
심지어 고르고 골라서 먹는
배스킨라빈스 아이스크림도 있다

골라 먹다 보니
마음도 골라 쓴다

마음에 드는 것에만 눈길 떼어서 주고
마음에다 길을 만들어
그 골목에 사는 사람만 골라 만난다

봄날 들판의 새싹들은
주는 대로 먹는다

햇살도 주는 대로
바람도 주는 대로
빗물도 주는 대로
주는 대로 먹는다

주는 대로 먹으니
먹는 대로 초록 초록 초록살 오른다
주는 대로 받아먹고 큰 놈들이
재잘거리며 세상을 가득 채운다

마음에 드는 사람 고르지 않고
눈길 주는 사람 누구에게나
푸르게 푸르게 마음 열고 다가가 안긴다

구멍

물고기 한 마리
물에 구멍 내며
평생을 산다

새 한 마리
공기에 구멍 내며
일생을 산다

깊숙이 파고 들어가기도 전에
열리면서 바로 봉해지는
상처 없는 그들의 구멍

나를 뚫고 간 사람들
내가 뚫고 간 사람들

하루 온종일 숭숭 뚫리는
잘 봉해지지도 않는
둥근
상처

구멍 내며
우리도
한평생 산다

국어 수업

논설문처럼 주장하려만 하지 말거라
설명문처럼 이해를 구하려 만도 하지 말거라
소설 속 갈등으로만 세상을 보려 하지도 말거라

시처럼 리듬을 타고 몸과 마음을 움직여라
그리하여 수필처럼 자유롭게 살거라

또박또박 세상을 읽어라

마침내 세상 제대로 읽어
느껴야 할 곳에서 느낌표 찍고
끝내야 할 곳에서 마침표 찍고
물어야 할 곳에 반드시 물음표 쾅쾅쾅 찍어라

쉬어야 할 곳에서는 쉬어가는 것 또한 잊지 말며
하고 싶은 말 많을 땐 가끔씩 줄임표를 늘어뜨려라

무엇보다도 행간에 숨어 있는 의미를 읽어라

희곡이나 시나리오 속에만 들어 있는 줄 알았던
사람의 의미도, 사랑의 의미도 알게 되리니
마침내 삶의 주제까지도 알게 되리라

그리하여
너는 세상의 작은 소재이지만
또 하나의 큰 주제임을 알게 되리라

그림자

마음의 색깔을 모두 보여주면
놀라 자빠질 걸 알기나 했던 것일까?

다중성을 조롱하듯
단일한 색감 하나로
파수꾼처럼 평생 곁을 지킨다

빛이 있는 곳에서만 몸을 드러내는
당당함과 자신감 앞에
자주 키를 늘이거나 줄여가는 것쯤의 변신
그 정도는 충분히 무죄다

상처 없이 몸에서 나와
몸 밖에 사는 놈 하나쯤 더 있다는 사실
그리 나쁘지 않다

어차피 숨결 다른 두 마리 짐승이 살다
함께 숨결 거둘 텐데 뭐

그때쯤 평생 말 없던 그놈이 한마디 할지도 몰라
너도 본래는 그림자였다는 것 아니?

거울

누가 와도 좋아
들여다본다고 다 알겠어

제집처럼 얼굴 마구 들이밀지 마
너를 내게 오래 걸어 두지 마

몇 번 만났다고 나를 다 아는 것도 아니잖아
나를 닦는 것도 실은 너를 위한 것 아니었어?

찾아옴 잦았기에 깊이 담아두고 싶지만
또다시 떠날 너를 믿을 수가 없어

남겼다 여기겠지만 흔적은 그리 쉽게 남는 것은 아니지
흔적 없으니 추억도 상처도 없을 것 같지

내가 한번 깨지는 소리 들어보면 알게 될 거야
스쳐 지남도 추억이 되고 때론 깊은 아픔도 된다는 것을

새(間)

새(鳥)들
새(間)로 하여 난다

무리 지어 고향으로 가는 기러기 떼
사이(間)로 하여 누구도 다치지 않는다

사람 속
시간 속으로
샛길 몇 개쯤 만들고 싶다

문상

1
결국
들어가는 거다

액자 속에 검은 사진으로 들어가고
허리 꼿꼿이 펴고 각진 관속으로 들어가고
남겨진 자들에게는 사무치는 회한이나 그리움으로
들어가 앉을 것이다

몇몇은 뜨거운 불길에 들어갔다 나와
바람 속에, 햇살 속에 섞여 들어갈 테고
몇몇은 엄마 뱃속 같은 둥근 무덤으로 들어갈 것이다

마침내 비석 속 몇 글자로 들어가 박히면
주소 없는 곳으로 이사 들어가 살게 되는 것이다

2
떠난 자와 자주 나누었어야 할 손목을
상주와 어색하게 나누고

어울리지 않는 위로와 감사를
또렷하지 않은 목소리로 서둘러 나눈다

빈손으로 뜬 자에게
친밀도가 계량된 몇 푼의 돈을 나누고
산 자들끼리 모여 앉아
술잔을 나누고, 또 나눈다

나누고 나누는 동안
떠난 자와 칡처럼 엉켰던 인연들은
합쳐질 수 없을 만큼 나누어진다

영원히 눈 감은 자와
집에 돌아가 눈 감는 자로

결국
떠난 자는 떠나고
남는 자는 남는다

이승과 저승은
그렇게 나누어진다

성(城)

오래 살수록
더 단단해진다
담금질 끝낸 쇠처럼

더 많이 튕겨내고
더 견고해지고
마침내 성(城)이 된다

결코 넘을 수 없는
누구 하나 들이지 못하는

유리의 힘

구석구석까지 단순함으로 무장했기에
빛들은 무사히 통과된다

집착을 모르는 습성은
추억을 만들지 않는다

가난할수록 투명해져서
마침내 얻는 커다란 선물

세상 전망이 온전하다

철새

철새,
평생 아픈 새

번식을 위한 날갯짓과 생존을 위한 날갯짓을 반복하며
먼 길, 긴 시간을 마음을 애태우지 않고는 날 수 없는 새

자리 잡지 못해서가 아니라
자리 잡기 위하여 터를 바꾸는 용감한 새

누구는 별과 달로 길을 찾는다고 하고
누구는 뇌 안의 자석과 지구의 자장을 활용하여 갈 곳을 찾는다지만
철새는 철(鐵)심장의 힘으로 나는 것

떠나려는 결심의 무게만으로도 심장이 벅차고 무거운 새
왜 모르겠나
바다 한 가운데서 생을 내려놓게 되는 날 올 수도 있다는 것을
더불어 떠난 몇이 옆자리를 비우며 떠나는 날 올 수

도 있다는 것을

사랑으로 빚은 길 얼마이고
날개로 쳐댄 시간이 얼마인가

먼 곳에서 철새 떼 난다

빈집이었던 하늘
파안대소(破顔大笑)하며 길을 연다

하류(下流)에서

햇살 내려와 놀지 않으면
강물도 빛나지 않는다

강은 혼자가 아니다

깎이고 문대며 만들어지는 부드러운 곡선
부드러움의 속살에는 아픔이 스며 있다

멀리서 바라다보는 강은 늘 멈춰 있다
가까이 다가가야 비로소 흐르는 강

바다 앞에 서는 강

스스럼없이 몸을 맡겨
비로소 자유를 얻는다

삶은 그래서 짜다

뼈에 관한 명상

뼈의 숫자는
나이가 들면서 점점 줄어든다지

서로가 붙어가면서 개수를 줄여간다지

냇물도 강물로 커가며 개수를 줄이고
강물도 바다로 커가며 개수를 줄이지

줄이면서 줄이면서 넉넉해지지

very thanks!

녹이 못을 먹어 들어가듯
상처가 세월을 먹는다

어쩌다 키워 덜어내지도 못하고
어색하게 하나가 되는 상처

그래도 보냈다가
다시 가져간다니
세월, very thanks!

섬 1

너무 멀리 와 있다

나로부터

풍선

숨결 넣어 주니 정말이지 고맙더군

받은 숨결 제대로 처매지 못해
방향 잃고 싸돌아다닌 적 많았지만 말이야

발 동동 구르며 튀어 오르다
'팡', '팡' 나락으로 떨어져 가는 놈들 보며
희망이 욕망임을 알기도 했지

바늘 같은 놈을 곁에서
온몸으로 팽팽히 맞서기도 했어

장롱 위 어디쯤에서
시름시름 앓듯 숨결 놓으려니 알겠네

둥글게 숨결 말기가 참 어렵다는 걸

이리될 줄 알았다면
차라리 숨결 받을 구멍 만들지 말 걸 그랬나

거미

겉모습만 보고 돌아선 자들은
헐렁하게 하늘을 잠근 투명함에 놀라고
투명함에 마음 두려 다가오기 시작한 자는
숨어 있던 끈적한 살기에 흠칫 놀란다

존재는 몇 개의 갑옷을 입고
자신을 감추는가
양파처럼 껴입은 갑옷

눈 들어 바라본 처마 구석
까만 슬픔이 무겁게 출렁이기 시작한다

쉼

흙탕물 맑아지는 것
들여다본 적 있는가

쉬면서
그저 쉬면서

낮게
낮게
가라앉히며

그릇

파인 곳 아무리 깊어도
먹어서든 버려서든
음식은 언젠가는 그릇을 떠난다

모두 버려져야만 비로소 씻겨지기 시작하니
그릇의 미래는 비움이고
또한 열반이다

움푹 파인 마음 구덩이에
담겨 있는 것들 많다

섬 2

멀리 떠나와
외로움이 길다

외로움도 네 탓이라고
철썩, 철썩, 철썩
모진 매 오래도록 맞는다

천지사방엔 푸른 눈물만
가득히 출렁거리고

기차는 기가 차는 것이다

종착역에 다다른 사람들이
주르르 그림자를 흘리며 빠져나갈 때
단 한 번도 그곳으로 나가지 못하는 기차는
자신의 신세가 기가 차는 것이다

떠나오기 전 온몸으로 길게 울었던 이유도
왔던 곳으로 방향 바꿔 되돌아와야만 하는
아픔을 알기 때문이었다

한때는 이 슬픔의 이유가
천형(天刑)처럼 길게 매달고 달리는
무거운 책임감 탓이려니 했건만
알고 보니 선로는 길이며
다시 울타리인 것!

꿈을 향해 발을 놓인 줄 알고 있었지만
결국은 땅 한번 벗어나지 못하는 것!

되돌아 같은 길을 다시 달려야 하는 시작의 시간
온몸으로 우는 위안의 울음이 길다

못

빠진 못 본다

벽에 싸여 숨 못 쉬던 곳
박혀 있던 그곳이 가장 싱싱하구나

보이지 않던 그곳이
못의 삶을 끌고 왔구나

화장(火葬)

뜨거운 불길 위에
차가운 몸 눕힌다

더 챙길 욕심 없이
멈추어 서는 걸음

꼿꼿했던 뼈에 달라붙어
모습 바꾸어 가던 살덩이를
이제는 보내려 한다

불길 속에서도
오롯이 뼈만 남는 것은
뼈에 새긴 은혜와 한의 시간이 머물기 때문

은혜는 갚고 한은 잊어야
이승을 뜰 수 있으니
구석구석 찾아다니기 위해
마음 담긴 뼈 곱게 빻아 날린다

다른 세상의 출발점 앞에 선 영혼
다시 가볍게 뜨거워진다

옷

이승이라는 옷을 입는다
거울도 못 보고 걸친 옷이 제대로 맞을 리 없다

허겁지겁 이승의 옷을 벗어야 할지도 모르지만
저승까지는 걸치고 갈 수밖에 없다

단벌 신사니 이 한 벌 잘 입으려고
깜냥껏 빨아 널고 자주 다려도 입는다

마음 퍽이나 힘들겠지만
제 할 일이니 뭐 어쩌겠나

옷 늘어나듯 늘어나던 목숨이 저승 가는 날
철 지난 옷들이 저승 문간에 쌓여 있을 일이다

폭포

바닥이 없다면
소리도 없다

안으로 자기 몸을 깎아내리며
스스로를 지워가는
불같은 낙하

저 발밑에 기다리는
그렁그렁한 푸른 눈물의 웅덩이

창

창이 구름을 가둔 적이 있었던가

비우며 비우며 한세상 산다

덜어내며 덜어내며
온몸이 울리도록 가벼워지는 삶

창이 깨질 때
목청껏 제소리 내는 이유
이제야 알겠다

축(祝) 부의(賻儀)

더 이상 살면 뭐하노
살면 살수록 죗값만 커지는데……

그렇다면
그 노인네에게는 죽음이 축복이다

세상에 축하할 만한 죽음이 있는가?

축(祝) 부의(賻儀)
또박또박 써넣는 죽음 말이다

지금쯤이 딱 알맞아
이제 살 만큼 살았으니 더 이상 죄짓지 않고
깨끗하게, 꽃잎처럼 지는
그런 축하할 죽음

분수

더러운 몸매를 감추려
소리로 화장(化粧)을 하며
사람들의 눈과 귀를 모은다

자기를 끝까지 속이는 것은 어려운 일

스스로를 허물어야만
자신을 들어 올릴 수 있는 운명 앞에서
분수(噴水)는 분수(分數)를 알고 마침내 추락한다

나무

어떤 시인은
여러 번 살아서 참 좋겠다고 하고
누군가는
한 곳에 뿌리박고 살 수 있어 좋겠다고 한다

하지만 툴툴 털고
어디론가 걸어가고 싶은 꿈을
그들은 까맣게 모를 것이다

한 하늘만 이고 사는 것이
얼마나 까만 집착이 되는가를

제 3 부

자장가

잠 못 드는 아이에게 노래를 불러준다
자장, 자장, 자장, 자장……

재우는 것은 달래는 것
달래는 것은 이렇게 말을 건네는 것

어쩌지 못할 미움에게도
어쩌지 못할 사랑에게도

자장, 자장, 자장, 자장……

뿌리에게

뿌리 근처
떨어져 누운 꽃잎들
흥건한 이별이 길다

까마득한 어둠 속 수고로움으로 나 있었구나
짙은 향기도, 화려한 꽃등(燈)도 네게서 왔지만
뭉클하게 너에게로 젖어가지 못하였구나

내 바라봄은 늘 멀고 화려했지만
너의 바라봄은 늘 컴컴하고 서늘했구나

미안하다
미안하다
미안하다 ……

함께 살며 전하지 못했던 고마움
포개고 포개며 누운 꽃잎
오래 자리 뜨지 못한다

사랑
―종(鐘)―

천천히 다가오세요
내 깊은 떨림을
한 번에 만나려 하지 마세요

담아 둔 이야기가 궁금하다면
달래듯 내 마음을 두드려 주세요

하지만, 마음보다 먼저 몸이 달아
서둘러 품에 안기려 하지는 마세요

눈멀고 귀 머는
너무 뜨거운 집착을
만나게 될지도 모르잖아요

움푹 빈 그대의 마음을
내 발아래 놓아두고 기다려 보세요

괴어있는 그대의 기다림 속으로 나를 보내어
오래도록 울리는 깊은 사랑을 건넬 때까지
내 온 마음으로 마음 맞춤하는
진하게 떨리는 사랑을 그대에게 보낼 때까지

단풍나무 아래서

뜨거운 가을입니다

그대 눈가에 어른거리던
붉은 치마 한 켠에 매달고

그대 향해 뛰던
빠알간 심장도 바람결에 맡깁니다

무거운 그리움을 이기지 못하여
오그라든 심장 내려놓고
온몸으로 울 때쯤
그때쯤 찾아와 서성이실는지요

그대 발밑에 깔리는 소리
제 심장 금 가는 소리로 여기고 들어주실는지요

하지만, 다시 세상에 태어난다 해도
내 사랑, 내 이별을 모두 가릴
잎 넓은 단풍나무로 다시 나렵니다

그때, 그대
바람으로 머물러 주실는지요

못의 노래

너의 삶을 걸어 두겠다는 꿈과
네게 붙어서 떨어지지 않으려는 꿈을
온몸에 품으며 네게로 찌릿한 전기처럼 박힌다

작은 상처쯤은 용서하며 나를 끌어안는 것은
달라붙어 움직이지 못하게 하는 찌릿한 사랑

시간은 물처럼 고이고 고여
한평생이 녹으로 찾아와 앉는다

헐거워 빠지려는 몸
상처가 사랑만큼 깊다

산에는

사랑한다 말하면
사랑한다 사랑한다 사랑한다 꽃잎 피듯이
정갈하게 받아내어 풍요롭게 보낸다

사랑에 관하여 말하면 사랑을 답하고
미움에 관하여 말하면 미움을 이야기한다

산에는
주는 대로 받아내고 받는 대로 건네 주는
소년과 소녀가 산다.

때로는 소년의 목소리로
때로는 소녀의 목소리로
이야기를 들어주고 답해주는 그들에게
꽃잎 피듯 사랑에 관해서만 이야기하고 싶다

추억을 피우다

공원 귀퉁이 백만 송이 꽃잎을 단 나무 아래에
지나던 연인들 발을 멈춘다
"와! 그림인데"
휴대전화 화면 속으로 꽃과 연인들은 함께 그림이 된다

뿌리는 그 순간을 잊지 못할 그림으로 기억했다

내년 이맘때쯤 백만 송이 꽃은 분명 다시 펴
누군가에게 다시 새로운 그림이 되리라

오래도록 같은 그림을 만나는 것은
나무 안에 화석처럼 추억이 도사리고 있기 때문이다

짝사랑

섬광(閃光)처럼 왔건만
당신에게
가
는
길
참
멀
고
멉
니
다

빨래법

때를 턴다

서로를 부대끼며
엉키지도 않으면서
잘도 때를 뺀다

그럴듯한 향기를 더한 후
때 빼고 광내고 나름 싱싱해진다

겁날 게 없다
다시 먼지 묻어도

상처

작은 상처에 고름이 잡혔다

백혈구와 박테리아는 목숨을 걸고 싸웠을 것이다

고름 터지고 딱지 앉으면 다시 새살 돋을 것이고
새살 돋으면 그 전쟁도 잊힐 것이다

다른 시간이 다가와 상처를 틀어막고
다른 사람이 다가와 상처를 메우면서 말이다

사람들은 모여 이야기할 것이다

새로운 시간이 왔다고
모두 좋아하고
마냥 반길 것이다

도마

손맛, 칼맛 이야기는 해도
도마 맛 말하는 이 없다

과일 향기도, 비릿한 생선 냄새도
도마 곁에 오래 머무르지 않는다

간결한 이별들을 만나고 만나며
가슴은 흠집 가득한 상처뿐

달래 바닥이겠냐
탕탕탕탕 탕탕탕탕
도마의 심장 소리가 오늘도 투철하다

낮달

집 한 채 갖지 못한 가장이
총총히 걷는다

카랑카랑한 일인자의 음성에 막혀
제 목소리 내지 못하는 이인자

그대에게는 회색빛 보호색이
참 잘 어울린다

울창한 햇살에 툭툭 채이고 채이며
전전긍긍 매달려 있는 그대의
눈물 냄새가 뿌옇다

눈물, 세 번도 넘게

1. 입국

언 계절
언 나라에 간다

통일은 전망하는 게 아니라고 어느 시인이 노래했다던
통일전망대를 지나
아픈 허리, 아프게 넘는다

이국(異國)을 가듯 딱딱한 절차
부릅뜬 눈으로 노려보는
심사대의 눈동자
가슴 밑바닥까지 서늘해진다.

2. 설봉산(雪峰山)[1]

상팔담[2]에 오르면
전설 속의 나무꾼이라도 만나
선녀 옷 훔치듯

이 나라 역사의 어느 부분을
슬쩍 훔쳐내어 감추어 주기를 바라려 했건만
눈사태 위험이라고 길을 막는다

개성, 평양 못 가는 것은 그렇다 해도
산 하나마저도 끝까지 발 딛지 못하는구나
위대한 지도자 동지 다녀가셨다는
바위 위 글씨가 붉게 우는데
떠나기 전 다친 발목이 욱신 쑤시고
꼭 그만큼 마음마저 욱신 쑤신다
찬 바람은 귓가에 빨갛게 울고

3. 눈물

교예단원[3]도 접대원[4]도 안내원도
모두가 하나같이 하는 말
형제 여러분 다시 만나요
새봄 오고 설봉산 눈들 눈물처럼 녹아내려도
가슴에서 녹지 않을 말
농포 여러분 다시 만나요

남자는 태어나 죽을 때까지

세 번 운다는데

세 번도 넘게 울고 떠나왔다면

너무 많은 눈물을 떨구고 온 걸까?

뜨겁게 만나는 날 흘릴 눈물은 감추고 올 걸

1) 금강산의 겨울 이름. 흔히 개골산(皆骨山)이라고도 하지만 설봉산(雪峰山)이라고도 부른다고 함
2) 선녀와 나무꾼의 전설이 서려 있다는 금강산의 명소
3) 서커스를 그들은 교예라고 부르고 있었음. 자부심이 내재되어 있는 단어로 여겨짐
4) 식당에서 음식 서비스를 하는 사람을 부르는 말. 접대원 000라는 명찰까지 달고 있었음

슬프지만 중간은 없다

비 온 뒤 산자락 위로 무지개 걸린다

어릴 적 크레파스 색깔을 알던 시절부터
무지개는 일곱 색깔이었다

이제는 보인다

빨강과 주황 사이, 주황과 노랑 사이, 노랑과 초록 사이
보이면서도 이름을 갖지 못하는 색깔들

슬프지만 중간은 없다

황령산[5]에서

이따위로 세상이 돌아가는데
신은 뭐 하고 있는 거야

황령산에 올라
어둠을 솎아내며 번지는 불빛 바라다보기 전까지는
나도 그런 말에 맞장구 쾅쾅 친 적 많았다

멀리서 바라다보니
점점이…… 점점이……
다들 눈부시게 아름다운 불빛

신도 멀리서 우리를 보고
다들 아름답다고, 모두 그리 밉지 않다고
믿고 계신 거다, 믿고 싶으신 거다

적절한 신과의 거리를 계산해보니
신과 너무 가까워지는 것이 두려워지기 시작했다

나를 환히 들여다보실 수 있도록
신을 마음속으로 모셔 와야겠다는 다짐을
새벽 속으로 스러져가는 불빛처럼 완전히 꺼뜨리고
도망치듯 산에서 내려왔다

5) 부산에 있는 산으로 멋진 야경을 내려다볼 수 있다.

제 4 부

인생독해

오지 못할 어제의 나 때문에
오늘의 내가 힘들고

오지 않은 내일의 나 때문에
오늘의 내가 또 힘들다

독(毒)해!
난해한 인생독해(人生讀解)

관점

'사람들 사이에 사막이 있다'고 쓰려다가
'사막 속에는 오아시스가 있다'고 고쳐 쓴다

자식

첨벙
내 속으로 들어온 아이들
목욕탕 물 넘치듯 나는 넘쳐버리고 만다

아이들은 시간의 양지이며 때론 그늘

첨벙, 첨벙 쳐내는 발길질에
손발 쭈글쭈글해지는 시간들

인생 나도 모르게 미지근해진다

해바라기

뜨겁게 한 곳을 바라다보면
마음이 옮겨갈 줄 알았어요

멀미 나도록 키를 높이고
샛노란 어지러움을 달래가면서
까맣게 타는 가슴까지 보여 주었어요

　마음을 다해도 담을 수 없는 사랑이 있음을 알았어요
　마침내 고개를 숙여야 하는 무거운 사랑이 있음도 알았어요
　때로는 사랑의 씨앗도 어둡고 캄캄하다는 것을 미처 몰랐어요

병

그대보다 더 빨리 뛰는 내 심장을
그대 속으로 떨구어 함께 뛰고 싶은데

등불에 어둠 녹듯
너른 바다에 눈발 녹듯
눈치 못 채게 그대에게 스며들고 싶은데

누구에게도 들키지 않도록 꼭꼭 숨어
그대 나라의 주민으로 깃들고 싶은데

물속 깊이 빠져들수록 수압을 견디지 못하듯
그대를 마음에 담으면 담을수록
가쁜 숨을 제대로 쉴 수가 없다

숨쉬기 어려운 병에 갇힌 나

그대 사랑의 뒤꼍에 포대기 한 장 깔고
고른 숨으로 달게 푹 자고 싶다

관절염

멀지 않은 날
관절염이 찾아올 것이다

씨 뿌리듯 뿌려대는 잘못들은
뼈마디마다 뼈저린 후회로 새겨지고
귀족 얼굴처럼 하얀 뼈들 까맣게 타들어 갈 것이다

구두 뒤축 닳듯 닳아지는 하루하루로 하여
피가 돌던 마음에도 염증 활짝 돋을 것이다

참외

생각이 너무 많아
잠자는 생각 또한 많다

선잠 자는 생각들 뒤적여
자진모리장단 쳐주고 추임새 넣어줄라치면
세상 달라지는 길 열어 줄 노래 튀어나올 수도 있으련만

시름시름 속 곯듯
생각도 단잠 자며 달콤하게 부패한다

갸웃대는 생각들
눈 훤하게 뜨고 귀 훤하게 열리라고
퍼뜩 일으켜 세우고 싶은데
생각이 생각 안에서 길을 멈추고 문을 잠근다

눈치만 살피다
누렇게 뜨는 생각의 얼굴

귀

귀도 맛을 잃는다

귀싸대기 갈겨
손맛 보여주면
귀가 퍼뜩 정신을 차려
제맛을 보게 될까

달팽이처럼 천천히
걸어 들어가야 할 말들이
쑥쑥 빠르게 밀려 들어와
꿀처럼 달라붙는다

단맛에 길들여지는 귀

마침내 귀가 눈이 먼다

명예퇴직

이 빠진 그릇들이
세월에 담겨 버려지고 있다

늘 담아내던 음식 말고는
무엇을 담아도 어울리지 않는데
세상으로 나아가 무엇이든 담으며 살라 한다

세제 몇 방울로 깨끗이 씻어
무언가를 담아보아도
와글거렸던 상처의 흔적으로
깨진 그릇이나 별반 다름없는데
무슨 음식 담아 새롭게 상을 차리겠는가

누군가 멀리서 설거지를 끝내고
차갑게 손을 털고 있다

그리운 초록

추억해 보면
손짓 하나로
바람을 부른 적도 있었다
미끄러지던 햇살, 또한

단물, 쓴물 다 빠지고
앙상한 뼈로 낮게 떠난다

뼈 밟히며 서걱서걱 들리는 소리

햇살 미끄러지던 초록
다시금 그리워진다

나사

한 방향으로만 나를 잠가왔다
어지럼증이 몸에 밸 정도로

단단하게 붙어 있기 위하여
머리 어디쯤 흠집 나는 것쯤
그리 두렵지 않았다

달라붙어 있기를 원했던 것이
나였는지 너였는지 잊힐 만큼의 세월이 흐른 후에도
이곳이 있어야 할 자리라는 믿음을 거두지 않았다

몸에 패인 흠집마저도
너의 옥죄는 사랑이라고 믿었다

녹슬어 가는 시간 앞에
고질병처럼 한쪽으로만 돌던 몸이
스르르 풀리고 만다

진한 어지럼증 뒤로
빠진 자리 드르륵 드르륵 메워가는
빛나는 나사 한 알 두 알 세 알……

친절한 아파트

한 치의 틈도 없는 꼼꼼한 맞붙음
누군가를 받아들인다는 것은 이런 것인지도 몰라

깊은 밤 울리는 발걸음
쿵쿵 전해져 오는 존재의 확인
무지하게 친절한 사람들이 맞붙어 살고 있지

위층으로는 여간해서 올라가 보지도 않아
상대의 비밀스러운 삶을 지켜주어야 하지 않아?

같은 번호를 비밀스럽게 나누어 가진 출입문을 지나
하나의 운반기에 함께 몸을 실을 때도 있지
오직 거울만을 바라보며 말이 없는 이유는
이웃의 사색을 빼앗고 싶지 않기 때문이지
친절함이 묻어 있는 배려라고나 할까

어! 인터폰이 울리네
얼굴을 보여주어야만 문을 연다고 너무 탓하지는 마!

가까이서 이웃의 얼굴을 들여다보고 싶은 마음을 알아
주었으면 해

　공중(空中)잠을 자면서도 두렵지는 않아
　꼭꼭 껴안은 친절함이 나를 놓아버리기야 하겠어?

어머니

배 한 척 미끄러지듯 나아간다
앞으로만 가는 배 뒤로
바다는 벌어진 상처를 급히 감춘다

어머니가 내려놓은 바다 위로
나는 미끄러지듯 나아간다

한때는 한 몸이었던 사람
그림자처럼 마음에도 늘 함께 있는 사람

'아' 하고 소리치면
메아리처럼 '아' 하고 받아주는
내 맘 너무 잘 알아 내 맘 같은 사람

둥근 바가지 둥글게만 빗물 품듯
그렇게만 나를 품는 사람

그녀의 바다는 묻히고
나는 그 위를 미끄러지듯 나아간다

외출

일생 단 한 번의 외출이
단지 며칠이라고
서럽다고 쓰르쓰르 운다

얼른얼른 사랑을 나누자고
달궈진 심장을 쏟아내며 운다

잦아드는 목소리를 주는 대신에
생명의 시간 또한 쉽게 잦아들게 하였구나

쪼그만 몸뚱아리에
쓰르쓰르 들어 있는
그토록 많은 먹먹한 슬픔

떠나는 자가 남은 자들을 불렀다

아버지가 숨결을 멈추었다
시간도 함께 멈추었다

화려한 장식 꽃들의 울음소리를 바닥에 깔고
사진틀 속 각진 한 장의 사진으로 들어가셨다

세상은 계속 시끄러웠지만
아버지의 잠자리는 깊은 어둠으로 고요했다

영정 사진을 마주했던 모든 사람이
돌아가신 아버지를 마음에 새기지는 않았지만
서로 잊고 지냈던 그들의 지난 시간들을 이야기하며
서로가 서로를 비석 글귀처럼 몇 시간쯤은 받아 적었다
떠나는 자가 남은 자들을 불러 모아 베푼
마지막 나눔이었다

다른 세상이 아닐 것이다
쉬고 싶어 집을 옮긴 것일 뿐

보냈지만 떠나지 않은
떠났지만 보내지 못하는

평설

김홍정

| 평설 |

간극間隙에서 서성이며 듣는 서정의 맥놀이

김홍정 (소설가, 시인)

1. 떨림과 설렘, 기다리며 아직도 서성이는 삶

시인들이 선택한 시어와 엮어낸 시행, 완성된 한 편의 시는 혼탁하고 합리주의로 포장한 비인간화된 현실을 예리하게 도려낼 무기다. 더구나 시어에 내포된 운율과 서정은 견고하게 자기 존재의 성을 쌓고 자족하며 손익의 계산에 익숙한 속물 인간에게 잃어버린 원시적 고향을 기억하게 하는 칼날이다. 그러니 서정시는 망가지는 현실의 최전선에서 역전의 기회를 노리고 있다. 서정시의 시선은 두루뭉술하지 않고 복잡한 실험성이나 전위적 가설보다는 드러난 모습을 음영과 깊이를 살려 한 장면으로 그려내는 수채화다. 시인의 눈은 어둠 속에서도 빛을 밝혀 추위를 견디고 익숙한 목소리와 감정으로 현상의 이면을 들여다보고 진실을 말한다. 그 진실은 사랑이다. 사랑을 노래하지 않는 서정시는 빈껍데기다. 류현철의 사랑은 조심스럽고 서성임의 연속이다.

　천천히 다가오세요
　내 깊은 떨림을
　한 번에 만나려 하지 마세요

　담아 둔 이야기가 궁금하다면
　달래듯 내 마음을 두드려 주세요

　(중략)

　움푹 빈 그대의 마음을
　내 발아래 놓아두고 기다려 보세요

　괴어있는 그대의 기다림 속으로 나를 보내어
　오래도록 울리는 깊은 사랑을 건넬 때까지,
　(「사랑」 -종(鐘)-부분)

　'깊은 떨림'은 오래 두고 간직해야 사랑이 된다. 선뜻 내딛는 발걸음은 간혹 불편한 현실로 치닫게 된다. 떨림이 설렘이 되고 기다림이 되려면 숙성의 시간이 필요하다.

뜨거운 가을입니다

그대 눈가에 어른거리던
붉은 치마 한 켠에 매달고
그대 향해 뛰던
빠알간 심장도 바람결에 맡깁니다

무거운 그리움을 이기지 못하여
오그라든 심장 내려놓고
온몸으로 울 때쯤
그때쯤 찾아와 서성이실는지요

그대 발밑에 깔리는 소리
제 심장 금 가는 소리로 여기고 들어주실는지요

하지만, 다시 세상에 태어난다 해도
내 사랑, 내 이별을 모두 가릴
잎 넓은 단풍나무로 다시 나렵니다

그때, 그대
바람으로 머물러 주실는지요 (「단풍나무 아래서」 전문)

'붉은 치마' '빠알간 심장' '단풍나무'들은 사랑의 기다림으로 붉은 색채를 지닌다. 기다림에 지쳐 오그라든 심장은 터져 '그대 발밑에 깔리는 소리'를 일으킬지언정 선뜻 나서지 않는다. 여전히 서성거리고 바람에 맡겨 온전한 사랑의 결실을 이룰 '그때'를 기다리는 중이다. '사랑한다 말하면/ 사랑한다 사랑한다 사랑한다 꽃잎 피듯이'(「산에는」 중) 대답하려 한다. 열정을 감출 수는 없으나 사랑은 '꽃잎'이 피는 모습이어야 한다. 늘 같은 모습이고 반복되는 일상일지라도 사랑은 화석처럼 도사리는 추억으로 간직해야 하기 때문이다. '오래도록 같은 그림을 만나는 것은/ 나무 안에 화석처럼 추억이 도사리고 있기 때문이다'(「추억을 피우다」 중)

류현철의 기다림은 죽음을 객관화하는 이별 과정에서 잘 드러난다.

아버지가 숨결을 멈추었다.
시간도 함께 멈추었다

화려한 장식 꽃들의 울음소리를 바닥에 깔고
사진틀 속 각진 한 장의 사진으로 들어가셨다

세상은 계속 시끄러웠지만
아버지의 잠자리는 깊은 어둠으로 고요했다

영정 사진을 마주했던 모든 사람이
돌아가신 아버지를 마음에 새기지는 않았지만
서로 잊고 지냈던 그들의 지난 시간들을 이야기하며
서로가 서로를 비석 글귀처럼 몇 시간쯤은 받아 적었다
떠나는 자가 남은 자들을 불러 모아 베푼
마지막 나눔이었다

다른 세상이 아닐 것이다
쉬고 싶어 집을 옮긴 것일 뿐

보냈지만 떠나지 않은
떠났지만 보내지 못하는 (「떠나는 자가 남은 자들을 불렀다」 전문)

류현철은 이 시에 '멈춤-고요-새김-떠남-만남'의 의미를 두었다. '아버지를 보내고'란 부제로 보아 장례 의식의 과정을 노래했다. 문상객들은 으레 하던 방식으로 조문했을 것이다. 남은 자들은 떠난 이를 기억했고, 추억으로 새기고 돌아가서 잊으려 할 것이다. 하지만 아들은 그렇게 생각하지 않는다. 떠나지도 잊지도 못하는 여정의 연속으로 보았다. 그대로 머물러 있는 모습이다. 화자는 사랑도 이별도 단절된 한 장면으로 기억하지 않는다. 다른 집으로 옮겨간 이를 기다리는 모습이다. 어쩌면 이러한 사유는 생사불이生死不二 인식으로 정화된 씻김일 것이다. 슬픔과 한으로 남은 죽음이 아니라 연속적인 삶의 한 과정이라 할 것이다.

2. 부조리한 현실을 견디며 부르는 노래

굳이 사실성을 전제하지 않더라도 문학작품이 지닌 존재감은 실재의 현실에 대해 의미를 부여하는 것이 아니라 질문을 던지고 어떤 세상이 새로운 것인지 밝히는 과정이라 할 것이다. 작가는 그 세상을 향해 나름의 사유와 감각을 앞세워 주어진 현실의 벽을 허물고 개별적인 새 세상을 발현시키려는 의도적 진술로 일관해야 한다. 시의 현실은 형식논리 체계를 벗어나는 정서와 느낌을 기층으로 변이와 생성을 이루는 힘에 의지하게 된다. 이를 위해 현실의 당위를 벗어나려는 부정 인식이 앞서게 된다. 과거 한국 근대 시인의 대표적 정서인 슬픔과 비애는 일제 강점기 현실을 벗어나지 못한다는 처절한 좌절감에 기인했다. 기계적 사유가 만연하는 산업화와 권력자의 지도를 당위로 몰아가던 시기의 작품들이 격노와 저항을 앞세운 죽음을 노래한 것도 이와 무관하지 않을 것이다.

세월호 사건, 용산 참사 등을 겪으면서 개인의 삶보다 사회적 가치에 더 의미를 부여했던 세대는 집단의식이 무의미한 것처럼 용인되는 현실을 바라보며 자신이 지녔던 신념에 대한 부정 인식을 하게 되었다. 일부 시인들은 급격한 사회 기조의

변화에 맞서 선봉으로 나서기도 하지만, 많은 지식인은 낯선 자기중심 사회구조에 당황하고 있을 뿐이다. 이런 현실에 적응하지 못하고 방황하는 지식인의 정서를 시적 화자의 자아 격리, 이중성 등을 내세워 문제 제기한다. 류현철의 작품에서도 이런 경향성은 쉽게 발견할 수 있다.

우린,
골라 먹는다

(중략)

마음에 드는 것에만 눈길 떼어서 주고
마음에다 길을 만들어
그 골목에 사는 사람만 골라 만난다

(중략)

봄날 들판의 새싹들은
주는 대로 먹는다

(중략)
마음에 드는 사람 고르지 않고

눈길 주는 사람 누구에게나

푸르게 푸르게 마음 열고 다가가 안긴다

(「우린, 골라 먹는다」 부분)

류현철이 바라본 세상은 이미 인간의 아름다운 조화와 어울림이 상실된 지 오래다. 편 가르기와 모른 척 지나는 낯선 골목으로 변해 버렸다. 하지만 시인은 '봄날 들판의 새싹들'이 '초록살'이 오르는 세상이어야 한다고 꿈꾼다. '마음에 드는 사람 고르지 않고/ 눈길 주는 사람 누구에게나/ 푸르게 푸르게 마음 열고 다가가 안긴다'고 외친다. 그러나 현실은 그리 만만하지 않아 시인의 외침은 공허하다. 이미 현실은 '깊숙이 파고 들어가기도 전에/ 열리면서 바로 봉해지는/ 상처 없는 그들의 구멍'(「구멍」 부분)으로 변했고, 그 문제를 파헤쳐도 '바로 봉해지는' 부조리와 '상처' 조차 인식하지 못하는 사람들을 만나게 된다. 류현철은 부조리 현실을 참지 않는다. 시인은 제대로 가르치는 이였기 때문이다.

(전략)

시처럼 리듬을 타고 몸과 마음을 움직여라

그리하여 수필처럼 자유롭게 실거라

또박또박 세상을 읽어라

마침내 세상 제대로 읽어

느껴야 할 곳에서 느낌표 찍고

끝내야 할 곳에서 마침표 찍고

물어야 할 곳에 반드시 물음표 쾅쾅쾅 찍어라

(중략)

그리하여

너는 세상의 작은 소재이지만

또 하나의 큰 주제임을 알게 되리라 (「국어 수업」 부분)

　류현철은 국어 수업에서 시와 수필을 부조리한 현실을 읽어내는 도구로 활용한다. 현실의 난맥을 짚어내고 제대로 느끼고, 행동하라고 말하며 '하나의 큰 주제'가 되라고 한다. 이러한 계도 전략은 언어유희가 아니다. 미처 깨닫지 못했던 삶의 현실 속에 본래 존재하던 의식을 일깨우는 논리다.

나무젓가락으로 상 모서리를 두드리다

나무토막 속에 숨어 있던 노래를 만난다

숨소리에도 노래가 숨어 있다

내게서 빠져나간 숨소리가

피리 속에 숨어 들어가 노래가 된다

　바람도 저 혼자 노래가 되지 못하지만
　가지 곁을 스칠 때면
　그것도 빈 가지 곁을 스칠 때면
　더욱 좋은 노래가 된다

세상 모든 것 속에는 노래가 숨어 있다 (「숨어 있는 노래」 부분)
　어쩌면 일과를 마치고 절어 있는 피곤을 떨치는 자리였으리라. 사람들은 목로에 둘러앉아 혹은 작은 소반을 놓고 술잔을 나누다가 누구라고 할 것도 없는 선창을 따라 함께 목청을 높였을 것이다. 참으로 놀라운 일이다. 거친 숨을 견디며 일한 사람들의 노래는 살아 움직여 조화를 일으킨다. 상 모서리에서 노래가 울려 나오고, 내쉬는 숨결은 어느새 피리 소리가 되어 바람에 실려 나뭇가지를 스친다. 기운찬 함성이 된다. 그리하여 세상 모든 것에 그 노래를 전파한다. '저 혼자는 노래가 되지 못하지만' 어우러지면 자기중심에서 벗어난 집단의식을 회복하는 선언이자 자기 확신이다.

　햇살 내려와 늘지 않으면
　강물도 빛나지 않는다
　강은 혼자가 아니다

깎이고 문대며 만들어지는 부드러운 곡선
부드러움의 속살에는 아픔이 스며 있다

멀리서 바라다보는 강은 늘 멈춰 있다
가까이 다가가야 비로소 흐르는 강 (「하류(下流)에서」 부분)

'햇살'과 어우러지지 못하는 '강물은 빛나지 않는다' 강은 '깎이고 문대며 만들어'진 아픔을 견디고 '가까이 다가가야 비로소' 제 모습을 보여준다. 이는 '철새'도 마찬가지다. '사랑으로 빚은 길 얼마이고/ 날개로 쳐댄 시간이 얼마인가'(「철새」 중) 화자는 홀로는 근원적 고독을 이겨낼 수 없다는 것을 물상의 관찰과 접근을 통해 입증한다.

너무 멀리 와 있다//나로부터 (「섬1」 전문)

멀리 떠나와/ 외로움이 길다 (「섬2」 부분)

류현철은 근원적 고독의 원인이 시적 자아와 분리된 객체와의 관계에서 비롯된다고 여긴다. '멀리 떠나와' 비롯된 외로움은 온전히 화자의 몫이다. 자아와 객체의 간극을 좁히지 않고는 견딜 수 없다. 문제는 자아의 단단한 껍질이다. '존재는 몇 개의 갑옷을 입고/ 자신을 감추는가/ 양파처럼 껴입은 갑

옷'(「거미」 중) 켜켜이 쌓인 상처는 일상에서조차 '바늘 같은 놈을 곁에서/ 온몸으로 팽팽히 맞서기도 했어'(「풍선」 중) '온몸으로' 맞서서 물러서지 않은 견고한 성을 쌓은 자아이다.

   오래 살수록
   더 단단해진다
   담금질 끝낸 쇠처럼

   더 많이 튕겨내고
   더 견고해지고
   마침내 성(城)이 된다

   결코 넘을 수 없는
   누구 하나 들이지 못하는 (「성」 전문)

시인의 자기 고백은 섬뜩하다. 자아를 치밀하게 관찰하고 근원적 문제에 치열하게 대처한다. '결코 넘을 수 없는/ 누구 하나 들이지 못하는' 자아는 삶의 과정에서 누적된 견고한 아집이었음을 단언한다. '오지 못할 어제의 나 때문에/ 오늘의 내가 힘들고'(「인생독해」 중)라 여기며 세상과의 단절을 잇지 않고는 견딜 수 없는 자책으로 '흙탕물 맑아지는 것/ 들여다본 적 있는가'(「쉼」 중)라고 스스로에 묻는다. 자아는 결단을 내린다. 부모의 죽음을 통해 찾아낸 선험적 해법이다. '결국 / 들어가는 거다'(「문상」 중) 죽음의 순간에 단절된 현실을 잇는 결단은 간격을 좁히거나 걷어내는 결단이다.

3. 현상의 간극을 극복하는 자기 부정

작은 텃밭이라도 일구려면 텃밭을 이루는 흙의 성분과 배수를 고민하지 않을 수 없다. 흙을 이루는 알갱이, 입자가 크면 클수록 알갱이의 사이가 넓어져 물을 충분히 담을 수 있으니 심으려는 식물의 흡수성과 통기성을 생각하지 않을 수 없다. 이런 상황에 쓰이는 단어를 간극間隙이라 한다.

이 간극이란 단어의 쓰임이 물리학에 이르면 입자 사이에 어떤 에너지가 작동하여 들뜬 상태와 고정된 상태의 에너지 차이를 질량 간극으로 이해한다. 아주 작고 정밀한 차이가 작동하는 셈이다. 이 간극이 우주로 확장되면 숱한 우주 존재들 사이에서 작동하는 에너지로 유추할 수도 있다. 이 에너지를 계측하고 예견하는 것은 현대 과학과 수학에서 풀어내야 하는 난제로 여겨진다. 같은 시공간의 존재 사이에 발생하는 에너지는 그 차이를 예측할 수 없는 상황으로 치닫게 될 것이나 그 체계를 유지하고 있으니 아이러니다. 자연에 존재하는 낱낱은 결합할 수 없어 고립하고 있다. 이들 존재들은 각자의 에너지로 팽팽하게 대립하고 있어 정형화된 간극을 근원적으로 유지하고 있다.

  인간의 행위도 마찬가지여서 사유체계 안에서의 간극이 유지된다. 인간의 사유체계에서 반복되는 간극은 사회구조나 심리 현상에서만 비롯되는 상황이 아니라 존재하는 모든 영역을 활성화하는 에너지 작동이라고 해야 할 것이다. 존재의 실재성을 노래하는 시에서 이런 물리적 고립을 이루는 에너지를 화자의 근원적 고독이란 말로 이해할 수 있겠다. 시적 대상에서 발현되는 질감이 화자의 접근에 따라 전혀 예측할 수 없는 무질서, 비규칙적인 환유로 다가와 균열과 모순을 규명하는 새로운 사유의 골간이 되는 것이다. 그렇다면 간극은 고독의 근원적 성찰이자 접근방식의 하나라 할 것이다.

  한 치의 틈도 없는 꼼꼼한 맞붙음,
  누군가를 받아들인다는 것은 이런 것인지도 몰라

  깊은 밤 울리는 발걸음
  쿵쿵 전해져 오는 존재의 확인
  무지하게 친절한 사람들이 맞붙어 살고 있지

  위층으로는 여간해서 올라가 보지도 않이
  상대의 비밀스러운 삶을 지켜주어야 하지 않아?

같은 번호를 비밀스럽게 나누어 가진 출입문을 지나
하나의 운반기에 함께 몸을 실을 때도 있지
오직 거울만을 바라보며 말이 없는 이유는
이웃의 사색을 빼앗고 싶지 않기 때문이지
친절함이 묻어 있는 배려라고나 할까

어! 인터폰이 울리네
얼굴을 보여주어야만 문을 연다고 너무 탓하지는 마!
가까이서 이웃의 얼굴을 들여다보고 싶은 마음을 알아주었으면 해

공중(空中)잠을 자면서도 두렵지는 않아
꼭꼭 껴안은 친절함이 나를 놓아버리기야 하겠어?
(「친절한 아파트」 전문)

류현철은 시적 사유에서 '한 치의 틈도' 인정하지 않는 체계를 인정하면서도 '상대의 비밀스러운 삶'을 인정하는 간극을 설정하고 있다. 결코 결합할 수 없는 '나누어 가진 출입문'과 '오직 거울만을 바라보며 말이 없는' 이웃의 존재를 배려하는 듯한 서술을 유지하지만, 고독한 존재들의 어쩔 수 없는 자기 함몰 사태를 드러낸다. 화자는 자유롭지 못하고 여전히 간극에 머물러 있지만, 그것을 친절이란 단어로 포장하니 가히 반

어적이다.

  한 방향으로만 나를 잠가왔다.
  어지럼증이 몸에 밸 정도로

  단단하게 붙어 있기 위하여
  머리 어디쯤 흠집 나는 것쯤
  그리 두렵지 않았다 (「나사」 부분)

  바닥이 없다면
  소리도 없다

  안으로 자기 몸을 깎아내리며
  스스로를 지워가는
  불같은 낙하

  저 발밑에 기다리는
  그렁그렁한 푸른 눈물의 웅덩이 (「폭포」 전문)

  자아를 결속시키는 것은 일상이다. 딘딘히 고성된 틀 안에 갇혀 있지만 간극을 두렵게 여기지 않고 간극으로 비롯된 어지럼증도 견딘다. 그렇지만 간극이 내포한 에너지는 인간의 사유체계를 혼란한 무질서로 몰아간다. 폭발의 위험성을 간직하고 있기 때문이다. '흠집 나는 것쯤'으로 치부될 실체가 아니다. '소리도 없'이 견디는 실체인 양 여긴다. 끝내 '스스로를 지워가는/ 불같은 낙하'를 통해 '푸른 눈물의 웅덩이'를 이룬다. 자기 부정의 에너지가 서정의 맥놀이로 작동하는 것이다.

마음의 색깔을 모두 보여주면
놀라 자빠질 걸 알기나 했던 것일까?

다중성을 조롱하듯
단일한 색감 하나로
파수꾼처럼 평생 곁을 지킨다
빛이 있는 곳에서만 몸을 드러내는
당당함과 자신감 앞에
자주 키를 늘이거나 줄여가는 것쯤의 변신
그 정도는 충분히 무죄다

상처 없이 몸에서 나와
몸 밖에 사는 놈 하나쯤 더 있다는 사실
그리 나쁘지 않다

어차피 숨결 다른 두 마리 짐승이 살다

함께 숨결 거둘 텐데 뭐

그때쯤 평생 말 없던 그놈이 한마디 할지도 몰라

너도 본래는 그림자였다는 것 아니? (「그림자」 전문)

류현철은 '단일한 색감 하나로' '파수꾼'처럼 닫고 살았던 강박감을 풀어놓는다. 그 풀어내는 과정은 '변신'이다. '변신'을 통해 '몸 밖에 사는 놈 하나쯤 더 있다는 사실'이 늘 존재했음을 고백한다. '어차피 숨결 다른 두 마리 짐승'이었다. 자아를 가로막고 거대한 성을 쌓던 실재는 자신의 '그림자'였음을 밝힌다. 단단한 주체로 머물던 화자가 간극을 이룬 객체가 '그림자'로 변신하여 주체와 객체의 경계가 지워지고 자기 부정의 과정을 거쳐 합일한 생명 세상을 이룬다.

4. 가르치고 배우며 울리는 서정의 맥놀이

류현철 시인은 30여 년 교직에서 아이들과 함께 학습하며 많은 가르침을 베푼 교육자다. 그러나 가르친 게 전부는 아닐 것이다. 가르치며 배운다는 말을 교직사들은 기억한다. 때론 아이들이 스승이 될 수도 있다. 그리고 그 학습의 과정에서 겪은 일들이 삶의 흔적으로 남아 시의 세계로 누적되었을 것이다. 그 과정을 거쳐 이제 첫 시집 『유리의 힘』으로 묶었다. 그렇기에 『유리의 힘』에는 교육 현장의 모습, 분단 조국의 슬픔, 비인간적 사회문제, 삶의 다양성 등을 다룬 작품이 들어 있다. 가르치는 이들의 숙명처럼 닥치는 과제이기도 하다. 어쩌면 성공적인 시기도 있었을 것이고, 만족스럽지 못해 독하게 아파했을 때도 있었을 것이다. 그런 과정에서 누적된 선험이 시인에게는 시적 대상을 향해 다가가는 한 모습으로 작동했을 것이다.

뜨겁게 한 곳을 바라다보면
마음이 옮겨갈 줄 알았어요

멀미 나도록 키를 높이고
샛노란 어지러움을 달래가면서
까맣게 타는 가슴까지 보여 주었어요

마음을 다해도 담을 수 없는 사랑이 있음을 알았어요
마침내 고개를 숙여야 하는 무거운 사랑이 있음도 알았어요
때로는 사랑의 씨앗도 어둡고 캄캄하다는 것을 미처 몰랐어요
(「해바라기」 전문)

「해바라기」는 시인의 자기 고백이다. 시인이 학교 현장에 온

힘을 다한 것을 미루어 짐작할 수 있다. 그러나 현실은 그리 만만하지 않다. 교단에 처음 설 때 교사는 아이들의 눈을 제대로 바라보기 어렵다. 아이들의 눈이 참으로 맑고 화사하게 빛나기 때문이다. 온 시선을 한 몸에 받은 교사는 전율하여 뜨거운 몸으로 시간마다 소통을 꿈꾼다. 아이들은 쑥쑥 자라며 금방 어른이 될 것처럼 씩씩하다. 가르치는 이의 행복이다. 그 행복을 느끼며 아침마다 아내가 정성껏 마련해주는 단정한 차림으로 교단에 선다. 옷깃 하나 뒤틀림이 없고, 단추 하나 소홀해서는 안 된다. 옷차림만이 아니다. 몸도 마음도 단정해야 한다. 아이들은 우르르 몰려왔다가 우르르 사라진다. 결국 가르치는 이만이 교단에 홀로 남게 된다. 아이들이 떠난 교실에 우두커니 서 본 교사들은 아이들이 흘리고 간 흔적들을 하나하나 추스르게 된다. 해맑은 웃음, 가볍게 따라 하는 몸동작, 줄줄 흘린 눈물, 노랫소리, 와자지껄한 걸레질, 마구 달리다가 넘어진 모습, 불쑥 손을 드는 모습, 교탁에 올려놓은 색종이 꽃, 버린 도화지, 엎어 버린 필통······, 셀 수 없다.

그런데 그 모습들은 모두 가르치는 이들이 무심코 지나온 배우던 시절의 자기 모습인 것을 알게 된다.

비 온 뒤 산자락 위로 무지개 걸린다

어릴 적 크레파스 색깔을 알던 시절부터

무지개는 일곱 색깔이었다

이제는 보인다

빨강과 주황 사이, 주황과 노랑 사이, 노랑과 초록 사이
보이면서도 이름을 갖지 못하는 색깔들

슬프지만 중간은 없다 (「슬프지만 중간은 없다」 전문)

　류현철은 이제 어릴 적 꿈이었던 시인의 길에 전념할 수 있게 되었다. 자신의 꿈을 제대로 펼칠 기회를 얻었다. 참으로 반갑고 기쁜 일이다. 그러니 해설자는 류현철의 시 작품들이 펼쳐낼 서정의 맥놀이를 흥미로운 기대로 기다릴 참이다. 설레는 마음 그득하다.

유리의 힘

2024년 7월 5일 1판 1쇄 발행

지은이 · 류현철
펴낸이 · 유정숙
펴낸곳 · 도서출판 등
기　획 · 유인숙
관　리 · 류권호
편　집 · 김은미, 이성덕

ⓒ 류현철 2024

주　소 · 서울시 노원구 덕릉로 127길 10-18
전　화 · 02.3391.7733
이메일 · socs25@naver.com
홈페이지 · dngbooks.co.kr

정 가 · 13,500원